*Colui che non ha imparato a dire: «Lei
e nessun'altra» sa forse cos'è l'amore?*

VINCENT VAN GOHG, Lettera a Theo

LEI E NESSUN'ALTRA
poesie d'amore

Francesco Piscitelli

Dall'autore di:
"Per come ti guardo ti ho già detto troppo"

Grafica copertina: Giuseppe Genduso
Copyright © 2023 Francesco Piscitelli

Tutti i diritti riservati.

Codice ISBN: 9798389955936

*A Federica
alla vita che hai stravolto
e all'amore
che mi hai insegnato*

BIOGRAFIA

Francesco Piscitelli vive a San Felice a Cancello, un paese in provincia di Caserta. È nato il 2 marzo del 1999 e attualmente frequenta il corso di Lettere Moderne all'Università di Napoli Federico II.
Nel 2020 pubblica da indipendente *"Per come ti guardo ti ho già detto troppo"*.

"Lei e nessun'altra" chiude definitivamente il suo primo ciclo poetico.

    @Francescopiscitelli__

Amare mi ha lacerato
in un primo tempo
direte, non è mica una gran fatica
mica hai alzato massi
o costruito piramidi.
Io dico, in verità
che amare è una fatica
se si ha in odio
il modo in cui si ama
se si sente di sfuggire ad un certo controllo
e si cada vittima di ciò che si provi.
Non credete?

Questi sono i miei "Tristia" – le mie tristezze.
Piangeteci pure su.
Piangete con me, ma rallegratevi.
Perché non siete soli nella vostra tristezza.

TRISTIA

CUORE MIO

Cuore mio,
sii duro se devi
fatti roccia nei giorni neri
scaccia via i cattivi pensieri
chi non ti tocca con modi leggeri
e ti fa una carezza
perché è fra i suoi doveri
batti più forte sotto la pioggia
di occhi bagnati dal senso di colpa
perché pure se aspetti
nessuno ritorna.

AMORE QUANTISTICO

Ora immagina altri mondi
i quanti, le infinite possibilità
i disastri, le salvezze
sento che possiamo essere
qualsiasi cosa
fra queste
ed è come essere
tutto e niente.

NELLA MIA MEMORIA

E tu vivi nella mia memoria
e cambi di giorno in giorno.

Non è per niente immutabile un ricordo.
Cresci e vivi con me.

Sei sparita dai miei giorni,
ma nella mia mente
mi corri incontro.

M'abbracci, t'abbraccio
e stringo la polvere.
Ma ti sento.

PARTI LONTANE

Il groppo in gola che ho provato
quando mi hai lasciato solo
mi ha tolto le parole per qualche mese.
Non ho saputo che dire – che dirmi –
ho lasciato che il caffè si freddasse
poi ho smesso di mangiare.
Mi è passato l'appetito
e – aggiungo –
se ne è andata anche un po' di vita.

Ho pensato che il tempo che
passavamo insieme fosse un tempo diverso
che di quel tempo non ne avrei più disposto
e che non mi sarei mai sentito vivo
come durante il tempo in cui ti affiancai.

Mi venne sempre più facile
cedere ad una vita inautentica.
Destinare la mia esistenza al nulla di fatto.
Non capire perché fossi dov'ero
seppur conscio che la mia intera vita
non dipendesse da nessun altro che me.
Seppi darmi soltanto una risposta:
«Quando amiamo veramente
doniamo all'altro un po' di noi.
Perderlo vale a dire anche dire addio
a parti di noi – ormai – lontane».

LANCETTE ETERNE

Da allora l'orologio è sempre fermo
è perché in quel momento
ci hai vissuto l'eterno.

AMANTI

I veri amanti fingono
di non volersi
e gridano le loro pelli
si vogliono
e si amano
si amano
e si dolgono
per il tempo perso
per i baci non rubati
perché l'adesso
non è qui
ed insieme
non sono né *qui*
né *adesso*.

Francesco Piscitelli

RIDICOLE LETTERE D'AMORE

Scusa il disordine, ma
non ho messo niente a posto
da quando sei andata via.

A dire il vero,
non ho voglia di fare niente.
Spreco tempo, mi lascio andare
spengo le luci
e spero di addormentarmi.

Ti chiedo scusa
nel caso dovessi tornare,
ti chiedo scusa
per come ho lasciato le cose
per averle trascurate
che è peggio
di averle dimenticate.

Bentornata e se
non dovessi trovarmi
sappi che ti ho aspettata
fino alla fine
dei miei anni.

Ti ho lasciato centinaia
di ridicole lettere d'amore.

LOGORIO

Il tuo viso si annebbia
la tua voce non è più così chiara
mentre sta per sorgere
un'altra alba
e mi lascio
una notte insonne alle spalle
attendo che il tempo
faccia il suo corso – siamo solo ricordi
                    che il tempo sta consumando
e m'addormento di giorno

mi toglievi i vestiti
adesso mi togli la voglia.

A CENA CON IL TUO RICORDO

Brindo a me
ogni volta che
un nostro ricordo
muore
con del buon vino rosso
in compagnia
della mia solitudine

ho viziato il mio cuore
con la tua presenza
ed è solo da quando non ci sei
che ha conosciuto il dolore.

UN ATTIMO PER DIMENTICARSI

Mi resti incastrata
sotto le suole.

In ogni passo falso -ci sei-
in ogni canzone -ci sei-
in ogni opera d'arte -ci sei-
nelle altre -non ti trovo-
tra la gente -non ci sei-
accanto -nessuna te-
t'incontro -non ti riconosco-
mi saluti -chi sei? –

assomigli ad un ricordo
       – ma non sei più *tu* –
o non sono
        più *io*.

PER SEMPRE

Voglio amore
ma sbaglio le dosi
amo gli errori
i rapporti inconclusi
e scappo
se mi lego davvero
perché anche se niente
resta per sempre
poi non se ne va mai via
per davvero.

PORTARTI DENTRO

Son stato bravo a sparire, o forse
avresti dovuto guardare meglio
perché ero lì solo per chi
avrebbe davvero voluto trovarmi.

Tu hai pensato ad altro
io ho solo pensato
e se solo fossi stata attenta
avresti capito
quanto male mi fa
pensare troppo
perché arrivo a conclusioni
che non danno pace
e che da solo non reggo.

Io da te cercavo solo un po' di leggerezza
ma mi hai fatto il cuore di piombo.

Quanto pesa
portarti dentro.

ARIA INQUINATA

Per ciò che
iniziato non è
respiro amore
e poi sbuffo
　　　malinconia.

TREMENDAMENTE MALDESTRO

È da disperati, ma
è così che si soffre: di speranza
di sogni e di desideri
ed è anche di questi che si vive.

Che paradosso!

Ogni cosa può essere
manico o lama
dipende da che parte la si impugni
e per questo si dice dell'amore
di esser cauti, ma ahimè
so essere e sono stato
tremendamente maldestro.

CANTILENA DEI GIORNI TRISTI

Mille baci
mille lune
mille soli
e le sfortune
mille notti
mille sfighe
mille volte
che si ride
una volta che si piange
mille volte non si dorme
una volta tu dirai
basta per
non scordarlo
mai.

RUMORE DI NIENTE

Ci sarà un rumore di niente.
Il fragore del silenzio.
Dopo di te, il nulla.
Ci saranno solo timidi ricordi
di una te che non ha più nulla da dirmi
e la tua voce sarà solo un'eco lontana
nello spazio-tempo dell'ultimo abbraccio.

Il nostro primo addio
non sarà altro che un ultimo ciao
e abbasserò lo sguardo, lì
dove è caduta una lacrima
con dentro tutto il nostro passato.

CANTILENA DEI TRE DESIDERI

Tu sai farmi male
quando te ne vai
le tue spalle larghe
il passo altalenante
e il solito *goodbye*

sembra ieri
che i miei occhi guardano te
e hai tre desideri
per scordarti di me

oggi è un altro compleanno
oggi è un altro anno
oggi è un altro che scrive per te

ed io non ho più desideri
te ne ho lasciati tre.

ANDATA VIA

Oggi ti ho sentito
fin dentro le ossa
hai toccato
parti di me lontane.

Mentre ti allontanavi
ho avuto questa immagine
dentro ai miei occhi:

Tu che scompari
in un nulla di fatto.

SENTIMENTI

Ti ho desiderata a fondo
e ho sentito nel ventre
i miei malumori
i veri sentimenti
ti toccano le viscere.

ADDIO

E c'è di vero che tacqui
e c'è di vero che t'amo
e che non è mica
un passato lontano
e c'è di vero che è stato
un addio un po' prolungato
e porto ancora sulle labbra
parole che non ho
pronunciato.

PITTORE TRISTE

Volevo dipingerti
di sogni e di vero
ma ho sporcato la tela
con delle illusioni

sono finito
col dipingere i vuoti
delle nostre mancate
occasioni.

SPETTRO

Sento un certo distacco
e distolgo lo sguardo
da abbracci di spine

e come uno spettro
ho imparato presto
a sparire.

IN DISORDINE

Il peso che porti grava più della gravità stessa
e ti fa i passi più pesanti
ho provato a tenere su i tuoi pensieri
tenderti le braccia contro
                     e dirti cadi
rovinami addosso
sei così leggera per essere un mondo
e così in disordine
               per rovistarti dentro.

IL TEMPO DEL NON AMORE

Adesso è il tempo del non amore
anche se so che non posso smettere
da un momento all'altro
e che arrestare un amore così forte
ha bisogno di potenti freni.
Sparisco per mia difesa
non per indispettirti
o attirare la tua attenzione.
Io non ne ho più bisogno.
Avere i tuoi occhi addosso è doloroso
perché non mi guardi come vorrei.

Il tempo che ti ho amata
è stato il tempo dei fiori
e mi sono sentito così vivo
che, ahimè, ora
ogni volta che ti rivedo sfiorisco.

QUANDO PROVAVO A DIMENTICARLA

Quando mi passava in mente
sentivo il rumore dei suoi passi
e speravo che davvero arrivasse senza preavviso
dietro l'angolo di una strada
e cadessi vittima dei miei desideri e del caso.
Ma non succedeva, piuttosto
ogni giorno uscivo di casa solo e tornavo solo.
Vagavo in cerca più di lei che di me stesso
senza cercarla e senza cercarmi.
Credo che di fronte a tale mancanza
fossi del tutto impreparato
e pensavo: «Mi dimenticherà?»
invece che: «La dimenticherò?»
perché ero più che mai certo
che non sarei mai stato in grado di dimenticarla.

QUALCOSA DI MIO

Tenersi e tentarsi stretti
e amarsi per i propri difetti
fare l'amore
        ma in letti diversi
col cuore spaccato
            a brandelli
è la fine l'inizio
una linea sottile
il sesso come capriccio
e l'amore che fa soffrire
mi volevi diverso
          ma non mi volevi capire
hai lasciato il tuo segno
mi hai saputo colpire
dritto dove batte
al ritmo dei tuoi forse
un cuore abbandonato
in una delle tue borse.

TRISTE FRAMMENTO

Quando mi chiedono di te
sento di non aver più niente da dire
però quando mi raccontano qualcosa di te
ci sono brevi attimi
in cui spero che non mi stiano per dire
che sei insieme ad un altro.

Non sei più affar mio
ma in fondo
in me è radicato il timore
che un giorno
potrei perderti davvero per sempre.

L'INCANTO DI UNA SERA

Lei fu l'incanto di una sera.
Un effimero incontro
che si sposava bene con l'atmosfera.
Non la risolsi.
Di lei non ci capii niente, però lei capì me.
Sapeva cosa dire, aveva le risposte esatte
quelle che ti sorprendono
stuzzicano, incantano.
Io avevo fame, quasi ingordigia
volevo riempire i miei vuoti di vita.
La sera divenne notte
la notte si fece giorno.
Ma ahimè, non bastò.
Non la rividi e non la cercai.
La pensai, è vero
ma lo feci con fare lesto
come se mi vergognassi nel profondo
di come mi ero ridotto.
Tu trovi qualcuno che ti capisce
e fai finta di niente?
Chiesi a me stesso. E finì lì.
Ero ad un passo dal non ritorno
dal gelo interiore
dal sonno del sentire
un po' prima della rovina:
non riuscivo a far altro che isolarmi.

FUGA

Ho abbozzato una piccola fuga
dalle nostre malsane abitudini.
Tu vai via per tornare
io ti piango per poi illudermi.
Per te è un gioco.
Per me è amore.

Per noi ho comprato
due biglietti
che non portano
a *niente*.

DOVE NON SIAMO STATI

Ciò che non siamo stati
rimarrà per sempre
una cosa taciuta
e poi dimenticata.

Sepolta dal tempo
dalle mancate occasioni
dal mancato coraggio.

Ciò che non siamo stati
intendo, tutto ciò
che avremmo potuto essere
rimarrà per sempre un'ipotesi felice
sommersa da una realtà distratta.

Ed ora tu sei
dove mai saremo
ed io sono e temo
che per molto sarò
dove mai siamo stati.

SPAZIO-TEMPO LONTANO

Sono stato felice di averti vissuta
e saputa mia in un tempo passato
ci sarò e ci sarai
e saremo per sempre
l'uno per l'altra
in quello spazio-tempo lontano
e vivremo indisturbati
il tempo che ci è toccato
sappi che
per rivedermi felice
è bastato
riguardare indietro,
essermi voltato
ritrovarti nel passato.

CENERE

Ho amato di un amore
che, ahimè
non ho trovato più
in nessun'altra cosa.
È bruciato in una sola fiamma.
Ahimè! Di quel che ero con te
non ci sono che ceneri al vento
di quel che ero non rimane
che il continuo tormento
di non trovarti più in nessun'altra cosa
di dover guardare indietro
per riuscire a provare qualcosa.

L'ATTIMO DOPO

Ricordo che subito dopo
averti detto addio
ho sentito bruciare
anche il più insignificante ricordo
ho pensato a ciò che è stato
e ciò che non sarà più di noi due

e paradossalmente

ho sentito d'amarti ancora più forte
proprio quando non c'era più rimedio
appena dopo aver realizzato
d'averti persa per sempre.

NOMI NON TUOI

Ti ho chiamata
con nomi non tuoi
finché quei nomi
non sono diventati nostri
che dolore
sentirli per caso in giro
voltarmi, cercarti

e non vederti

e restare intrappolato
tra ciò che non siamo
e quello che non saremo più.

QUADRI ASTRATTI

Sono stufo
di dipingere mondi

che nessuno vede

perché non sono altro
che quadri astratti
per un chiodo fisso.

Noi.

L'OROLOGIO

Basta un attimo
per dimenticarsi
perché il tempo è relativo
ma per quanto mi riguarda
il tempo si è fermato

non c'è
nessun rintocco di orologio
nessun tic-tac delle lancette
nessun suono o segno
che mi dica
che io non ti stia
ancora aspettando.

UNA COSA VECCHIA

T'amavo così tanto
da amarmi così poco
da dimenticare di appartenermi

e trattarmi come una cosa vecchia
come qualcosa di dimenticato
solo perché tu stavi per dimenticarmi

e pensavo

*"In fondo non ti senti amato
 solo perché non sei amato
 da chi vuoi tu".*

IN SOSPESO

Avevamo un "*ti amo*" in sospeso
ma nessuno ha avuto
il coraggio di dirlo
e così come due vigliacchi
ci siamo accontentati
di una vita senza l'altro

spesso ci ripenso a noi due
a chi ora ti è a fianco
ha avuto, di certo
più coraggio
ma non so
se ti abbia amata
quanto ancora io ti amo.

IL PUNTO

C'è un punto di non ritorno
tra ciò che si perde
e ciò che si può riavere
adesso non so a che punto siamo
e non so se sbaglio
a pensarti ancora
oppure pensandoti
ti sto solo anticipando
perché tornerai – tornerai?
quel che so è che
questo dubbio è atroce
e che in questa attesa
io ti ho incontrata per la prima volta
almeno un migliaio di volte
e appena vista
non ho saputo dirti altro
che: *"Non doveva finire così."*

LA TUA ASSENZA

Se vuoi farmi male, dimenticami.
Io mi faccio male non dimenticando
che sembra ieri
eppure ieri non era.
Ne è passato di tempo, ma
il tuo ricordo è ancora vivo nella mia testa
sento la tua voce, mi volto
ma non sei qua

ed anche oggi mi distrai
con la tua assenza.

L'OBBLIGO

Io non ti ho *lasciato* andare
io ho *dovuto* lasciarti andare.

Io non *volevo*
doverti vedere andar via.
Io non *volevo*
che tu non m'amassi più.
E ha fatto male, ma
ho *dovuto* smettere anch'io.

> *Anche se so*
> *di amarti ancora.*

A TE

Chissà chi baci, chi sfiori
a chi ti neghi
se ti segue ancora
una nuvola tossica
o qualcuno
t'ha portato bel tempo
io ci spero
lo vorrei, per te
che la vita non ti porti
più rancori
che anche se senti
d'esser nata sola
l'amore tocchi anche
la tua bocca.

Ti auguro giorni felici
e lacrime
       di gioia.

Amare mi ha guarito.
Ora sento la leggerezza del tempo
e il tempo con leggerezza.
Questi sono i miei "Amores" – i miei amori.
Gridateveli addosso.
O sussurrateveli a bassa voce.

Amate affinché mi sopravvivano.

Amate e osate amare.

AMORES

SECONDA OCCASIONE

Ricominciammo
e fu come mettere su
due calzini bucati
ormai
eravamo già perforati
da ciò che era stato

ma noi eravamo necessari
l'uno per l'altro
per resistere al freddo
perché non riuscivamo a bruciare
con nessun altro.

PUGNO DI PAROLE

Ti ho nascosta
in un pugno di parole
per non perderti,
terrai il segreto?

Sono una fortezza
il tempo non le logora
e chi verrà saprà di te
e chi sarai ricorderà
quella te
che custodisco
che a me hai mostrato.

Il vero resiste
al tempo.

BESTIA

So che sono la bestia
che ti accarezza
poco delicata
perché non più abituata
al contatto
che schiva si è odiata
nella sua insicurezza
tu hai amato
le mie sembianze
la mia visione
la mia paura
e ne hai fatto vanto
ne hai fatto cura
ed io ho imparato
a praticare delicatezza
a mettere gentilezza ovunque
ad amare la *bestia*
fino a vederci
        un uomo.

INCIDENTE

Ti vorrei portare
da qualche parte fuori di me
ma a te va di restare incastrata

è bastato uno sguardo
fuori controllo
> *per come ti ho guardato*
> *ti ho detto troppo*

e in un attimo, innamorarsi
è stato un incidente.

PRIVILEGIO

Ti ho lasciato il privilegio
di vedermi debole
Ti ho lasciato il privilegio
di influenzarmi
Ti ho lasciato il permesso
di stravolgermi i pensieri
di portarti pezzi di me in giro.
Non ho messo muri da abbattere
ti ho lasciata entrare
a crear scompiglio.

I

Alcune attenzioni
sono dichiarazioni
d'amore.
      – Le tue.

OCCHI INNAMORATI

Noi siamo giovani e belli
e quando saremo vecchi
saremo lo stesso belli
a modo nostro

il tempo non inganna
degli occhi innamorati
perché *vedono*
quel che *sentono*.

SPRECO

Ti bacio mentre il mondo fuori accade
e qualcuno litiga, altri piangono
altri ancora sorridono
e vincono scommesse
oppure le perdono
e piangono per i debiti
il mondo fuori è colmo di stravaganze,
disperazione
e tante altre cose che trascuro
per non dilungarmi
e noi sottovalutiamo il tempo
fino a perderne
svalutiamo l'attimo, trascuriamo
          il momento – guardami
non è detto che ritornerà
nulla è scontato, per questo
ti bacio come fosse un addio
ogni volta come l'ultima volta
così cinico e romantico allo stesso tempo
perché odio gli sprechi
          di *tempo* e d'*amore*.

SOLO MUSICA LEGGERA DOPO DI TE

È la parte gentile
paziente, comprensiva
Quella che dà il meglio che può.
Che non rinuncia, ma
fa a metà con te.
Ho custodito per anni il lato di me
che ti ho mostrato.
L'ho tenuto a bada.
Protetto dai mostri.
Dal passato.
Dalla gente.
Ho aspettato, paziente
in un angolo del mondo
che arrivassi.
Ho aspettato
paziente, ho aspettato
ho conosciuto il mio abisso
e poi ti ci ho portata.

Lì hai ascoltato il suono della mia malinconia
hai visto che non c'è mai silenzio dentro me
e affermato *"Da solo potresti essere un'orchestra"*

Pensai: anche l'ironia sa essere poesia
ed ho amato la tua leggerezza.

NON SEI PIÙ UN'IDEA

Toccavo parti di me
ma non le sentivo
eppure è sempre stato questo
il corpo che ho abitato.

La realtà nascosta, taciuta
e prima di te
mai risolta
è che eri la parte mancante.

Io ti ho cercata per vent'anni
e tu per vent'anni mi hai sfiorato
ogni volta che ho pensato
a come sarebbe stata la donna
che mi avrebbe incasinato.

II

Il tempo
non cancella niente

Immortala –

tu.

FILI DI RAGNO

Tu non lo vedi
ma un filo ci lega
che ho tessuto
e fatto lungo chilometri

se sei lontana
e mi senti
è perché
lo sto facendo vibrare.

UN ALTRO

Muto forme, modi e movenze
quando sono con te dicono:
   "Quello è un altro"
ma mica cambio.
Soltanto, mi stanno
guardando per davvero
per la prima volta.

La dolcezza che ti riservo,
le braccia nelle quali cadi
le parole che ti rivolgo
neanch'io le ho mai viste prima.

Una scoperta:
  Mi trasformo, o forse
   mi rivelo.
Colpa mia, lo ammetto
parte di me si è sempre nascosta nell'ombra.

MURETTO SCALCINATO

Quando su quel muretto
ti ho vista con un *altro*
sono spariti gli altri
e la testa è diventata
una bomba da disinnescare.
Quante parole avrei potuto urlare
ma ho stretto il nodo alla gola.

Quando ti ho vista ridere insieme ad un altro
ho capito che il segreto stava tutto lì
farti ridere
e dimenticare quello che ho imparato.

Tu volevi ridere
perché la tristezza non sai reggerla
e quando ridi
quando ridi di riflesso
              mi spunta un sorriso
e ricordo
quando ti ho vista con un altro
e su quel treno al ritorno ci ho pianto.

Ma a quella lezione
sono stato attento
ho preso appunti e ho imparato
ora ridi con *me*.

TU

Di rado penso all'*altra*
quando mi capita, per volontà del caso
qualcosa che me la ricordi
e la mia bocca si tinge d'amaro
poiché credo sia amaro
il sapore del suo ricordo
e a un dolore, una fitta improvvisa
l'associo.

Terribile.

Poi ci sei *Tu,*
tu come io ti conosco
o come ti sei mostrata
o tu
come quella che sei
da quando mi cammini a fianco
e i nostri tempi
sono due linee intrecciate.

Ecco, Tu
sai di primavera
del tempo in cui il meglio è iniziato.

MAI IN SOSPESO

È intimo un bacio,
se intimo è quel che
si dice baciando.
È fugace l'attimo
se con la testa siamo altrove.
Io dico che si resta
dove siamo
se siamo ancorati
a braccia salde.
E che resta quel che siamo
se dubbi e baci
non vanno mai lasciati
in sospeso.

L'INFINITO

Dove ti bacio inizia l'infinito.
È cosa da poco
in fondo è solo
un punto di partenza.
La meraviglia inizia dopo
quando ti guardo
e capisco
che questi anni
in tua assenza
sono stati una penitenza.

FUNAMBOLI II

Si sta in bilico
sulla linea di un battito
un fremito.
Si vacilla
come in balia
di un vento freddo.
Su queste rapide ripide
si scivola.
È uno spettacolo
di funamboli
la vita accanto
              a te.

O LE NUVOLE O UN ABISSO

Noi abbiamo avanti anni ignoti
segreti da custodire
vuoti da riempire, bugie da smentire
e ancora, ancora e ancora
un mondo da vedere
un mondo per meravigliarci
del bello e dell'orrido
un mondo di viaggi
fra micro e macrocosmo
fra il cielo ed il fondo.

O le nuvole
o un abisso, cara mia
sono queste le destinazioni
di una vita ambiziosa
di una vita in preda
alla vita.

DANNATE INIZIALI

So che il mio tempo è oro
e la mia vita splende
io ho fatto dono delle mie scoperte
tempo e amore sono anticamente
e lo saranno sempre
materie prime
per vivere eternamente.
Ora so che tu mi culli
intanto perdo i primi capelli.
Non c'è tempo che non lascia effetti.
Farà lo stesso col bianco della mia barba
io fingerò che il tempo sia bello perché passa.
Non moriranno i tuoi ricordi.
I miei li ho scritti.
Ti ricorderanno.
Ora, un giorno, sempre.

NEI

Fra le vertebre e i fianchi
scorrono brividi come fulmini e saette
la mia pelle e la tua pelle
sono cielo
i nostri nei
stelle.

IL MOMENTO IN CUI TI HO VISTA

Ti ho amata, credo
dall'esatto momento
in cui ti ho vista
e l'ho realizzato dopo
è vero
ma nel frattempo
i miei occhi ti avevano già scelta
perché quando ti guardavano
mettevano il resto del mondo in pausa
e quando non mi eri intorno
illusi, ti cercavano fra la folla.

UNA VITA INTERA

Tu m'hai rubato la paura
e aggiunto vita ai giorni
ed i miei anni, ormai
non sono più
i miei anni

E sento addosso
tutta la bellezza
di una vita intera.

REMINISCENZA

Io pensavo a quanto fosse bella.
Non so se mi innamorai quel giorno stesso.
Ci si può innamorare di colpo, così
all'improvviso?
La risposta non ce l'ho
anche se non penso sia corretto
definire quello che mi accadde quando la vidi
come un banale colpo di fulmine
è stata piuttosto una reminiscenza.
Come se io avessi già memoria di lei
e inaspettatamente si fosse ripalesata.
È stato come ritrovarla
dopo un lungo ed inconcludente vagare.
Rivederla, incredulo
e affermare: «*Non voglio nient'altro*».

MAGNETE

Mi attraeva nei suoi spazi
e non di rado
finivo col camminarle a fianco

eravamo distanti
sempre qualche palmo
non la sfioravo
mai per caso

e mai mi ero inteso
con tale grazia e facilità
da sfiorare qualcuno
e sentirmi compreso.

VIVI COME ADESSO

L'attimo dopo dà senso
all'attimo prima.
Così la vita passa e acquista senso
solo nel passato.
Tutto sfugge ai tuoi occhi
che ora guardano.
Ma niente sarà perso
quando riguarderai.

Cara mia, io nel passato
ci ho guardato spesso
e non siamo mai stati
vivi come adesso.

FILO ROSSO

C'è un filo rosso
che unisce tutti gli errori
io ne tengo un capo
tu l'altro

tutto ciò che è stato
ogni sbaglio, ogni incomprensione
non ci ha mai allontanato
perché
il filo si è allungato
ma non l'abbiamo mai
lasciato cadere di mano.

IN TE

Io ti guardo
e so
che in te
ho ritrovato la vita
quella che cancella
le vite passate
che ti fa dire:

Non voglio nient'altro
che questo.

LA MISURA DEL TEMPO

"Sempre" non è la misura delle cose.
Ma io ti amerò sempre.
Senza nessuna misura.
Senza fare calcoli precisi.
Solo e soltanto sempre
                     – per il resto
                         dell'avvenire.
dicendoti a domani
ma facendolo per sempre.

RARA

Le prime volte che ti ho incontrata
quelle in cui eravamo ancora
sconosciuti io e te
e non sapevo delle tue vite passate
io ti guardavo e mi innamoravo

ed ero certo
ora come allora

di non aver mai incontrato
cosa più rara.

LEI

Tu sei
ora e sempre
tra le cose che custodisco
che proteggo
che non mormoro

Tu sei Lei
te lo dicevo sempre
con questi occhi, ahimè dannati
a cercarti in eterno

in ogni altra.

NESSUN ALTROVE

Tu hai il peso
delle cose più leggere
e solo con te
per la prima volta
ho sentito di essere

esattamente
dove avrei voluto essere
                    –s*tesso luogo*
                       stessa essenza
e mai da lì in poi
ho desiderato di perdermi
in nessun altro altrove.

ATTESA

Io di te non conoscevo niente
ma ancor prima di saperti ciò che sei
io ho sentito di conoscerti
come se le nostre menti
si fossero già sfiorate
in qualche "dove"
che non ci è dato sapere

e mi ha pervaso
da quel momento in poi
la sensazione
di averti da sempre aspettata.

BELLEZZA COLLATERALE

Non sarei io
se non avessi questa
malinconia di fondo
se non sporcassi di tristezza
i miei quadri astratti

il male è banale
perché è ovunque

ma in te
non ho trovato che speranza
e solo tu
sei riuscita a farmi vedere
la bellezza collaterale.

PRIMAVERA

Cara mia,
anche al tempo
serve tempo
e quindi tu
fiorisci
e sfiorisci
secondo le tue stagioni

chi ti ama
ha la premura
di aspettare i tuoi colori.

ESSENZIALI

Solo tu hai avuto
quel me che nessuno
ha meritato
perché
non sarei ciò che sono
se tu non fossi ciò che sei

se dopo il nostro incontro
non fossimo stati
l'uno per l'altro
esattamente
ed irrimediabilmente
essenziali.

POLVERE DI STELLE –
QUANDO NON CI SARO'

Tu piangi tutte le tue lacrime
ragazza dai capelli corvino
piangi tutto il nero
con cui ti hanno dipinto i capelli
lascia andare il dolore più tetro
non dare più nessuna notte in pasto alle tenebre
il cielo è una tela di stelle
ricordati di guardarle
non tradire la loro luce
non farci questo – abbi memoria di me
          io sarò lì da qualche parte
          in fondo
          non siamo altro
          che polvere di stelle.

Ho limato queste poesie e ho ricercato un linguaggio universale, affinché siano mie ed anche vostre e raccontino le vostre storie così come hanno raccontato la mia.

Con questa raccolta ho voluto portare a termine ciò che avevo iniziato con *"Per come ti guardo ti ho già detto troppo"*, non a caso il volto in copertina è lo stesso, ma stavolta è nitido e non c'è niente a coprire il suo sguardo. Devo tanto a lei. A *Lei e nessun'altra*. Ed è a lei che dedico questo libro. Dedicatela anche voi, se sentite di amare o di aver amato e allo stesso tempo vi auguro di provare dopo tanti *"Tristia"* – tante tristezze, anche gli *"Amores"* – gli amori, dei quali ho scritto.

E ricordate:

Amate e osate amare

ma amate

amando voi stessi.

A presto,
Francesco.

Scansiona il QR CODE
ho delle domande per te

ci vorrà meno di un minuto

Printed in Great Britain
by Amazon